Purchased with a
**GLOBAL LANGUAGES
MATERIALS GRANT**

from the California State Library

Funded by the U.S.
Institute of Museum
and Library Services
under the provisions
of the Library
Services and
Technology Act,
administered in
California by the
State Librarian

**CALIFORNIA
STATE LIBRARY**
FOUNDED 1850

Esto es lo que quiero ser

Cocinero

Heather Miller

Traducción de Carlos Prieto

Heinemann Library
Chicago, Illinois

Customer Service 888-454-2279
Visit our website at www.heinemannlibrary.com

Designed by Sue Emerson, Heineman Library; Page layout by Que-Net Media
Printed and bound in the United States by Lake Book Manufacturing, Inc.
Photo research by Alan Gottlieb

07 06 05 04 03
10 9 8 7 6 5 4 3 2 1

Library of Congress Cataloging-in-Publication Data
Miller, Heather.
  [Chef. Spanish]
  Cocinero / Heather Miller; traducción de Carlos Prieto
    p.cm.–(Esto es lo que quiero ser)
Includes index.
Summary: A simple introduction to the equipment, clothing, daily activities, and other aspects of the job of a chef.
  ISBN 1-4034-0947-1 (HC), 1-4034-3395-X (Pbk.)
  1. Cooks–Juvenile literature. 2. Cookery–Vocational guidance–Juvenile literature. [1. Cooks. 2. Occupations. 3. Spanish language materials.] I. Title.
  TX652.5 .M5318 2003
  641.5'203–dc21

                    2002192222

Acknowledgments
The author and publishers are grateful to the following for permission to reproduce copyright material:
p. 4 Jonathan Blair/Corbis; p. 5 Leslie O'Shaughnessy/Visuals Unlimited, Inc.; p. 6 Simon Watson/FoodPix; p. 7 Farrell Grehan/Photo Researchers, Inc.; p. 8 Scott Payne/FoodPix/Getty Images; p. 9a The Futran Studio; p. 9b Robert Finken/Index Stock; p. 10L Victor Budnik/Cole Group/Getty Images ; p. 10R Jackson Vereen; p. 11 Robert Holmes/Corbis; p. 12 Alan Levenson/Getty Images; p. 13 Neil Rabinowitz/Corbis; p. 14 Eric Futran/Chefshots; p. 15 Vittoriano Rastelli/Corbis; p. 16 Colin Grant/Corbis; p. 17 Larry Gatz/Getty images ; p. 18 Walter Hodges/Getty Images; pp. 19L, 20, 21 Owen Franken/Corbis; p. 19R Eric Futran/FoodPix/Getty Images; pp. 22L, 24L Victor Budnik/Cole Group/Getty Images; pp. 22RT, 24RT Jackson Vereen; pp. 22RB, 24RB Robert Holmes/Corbis; p. 23 (row 1, L-R) The Futran Studio, Jules Frazier/Getty Images, Eric Futran /FoodPix/Getty Images; (row 2, L-R) Walter Hodges/Getty Images, Owen Franken/Corbis; (row 3, L-R) Thomas Firak/FoodPix, Dick Frank/Corbis, Royalty-Free/Corbis; back cover (L-R) Thomas Firak/FoodPix, Dick Frank/Corbis

Cover photograph by Dave Bartruff/Corbis

Every effort has been made to contact copyright holders of any material reproduced in this book. Any omissions will be rectified in subsequent printings if notice is given to the publisher.

Special thanks to our bilingual advisory panel for their help in the preparation of this book:

Anita R. Constantino
Reading Specialist
Irving Independent School District
Irving, TX

Argentina Palacios
Docent
Bronx Zoo
New York, NY

Ursula Sexton
Researcher, WestEd
San Ramon, CA

Aurora Colón García
Literacy Specialist
Northside Independent School District
San Antonio, TX

Leah Radinsky
Bilingual Teacher
Inter-American Magnet School
Chicago, IL

Unas palabras están en negrita, **así.**
Las encontrarás en el glosario en fotos de la página 23.

Contenido

¿Qué hacen los cocineros?

Los cocineros preparan **comidas**.

Piensan en nuevos platillos.

Los cocineros escogen alimentos
para preparar comidas.

Piden los alimentos que necesitan.

¿Cómo es el día de un cocinero?

Los cocineros planean qué cocinar.

Miden y mezclan los **ingredientes**.

Los cocineros cocinan.

Prueban a ver si lo que cocinan
está sabroso.

¿Qué equipo usan los cocineros?

Unos cocineros se ponen
un sombrero blanco alto.

Unos se ponen batas blancas
con botones.

pantalones anchos | delantal

Se ponen unos pantalones anchos.

A veces se ponen un **delantal** para no ensuciarse la ropa.

9

¿Qué herramientas usan los cocineros?

cuchillo

tenazas

Los cocineros pican los alimentos con **cuchillos**.

Los levantan con **tenazas**.

olla

Los cocineros usan ollas grandes.

Este cocinero está haciendo sopa en una olla.

¿Dónde trabajan los cocineros?

Muchos cocineros trabajan en restaurantes.

En los restaurantes a veces hay más de un cocinero.

Unos cocineros trabajan en trenes
o barcos.

¡Trabajan en cocinas que viajan!

¿Trabajan en otras partes?

Los cocineros a veces trabajan para **revistas**.

Escriben sobre comida.

Los cocineros también salen
por televisión.

Nos enseñan a cocinar.

¿Cuándo trabajan los cocineros?

Los cocineros trabajan muchas horas.

Unos cocineros empiezan a trabajar temprano por la mañana.

Otros trabajan de noche hasta tarde.

Muchos cocineros trabajan sábados
y domingos.

¿Qué clases de cocineros hay?

El **jefe de cocina** está a cargo de cocinas grandes.

Ve que los cocineros hagan bien su trabajo.

Los **ayudantes** preparan los **ingredientes** y cocinan.

Los **reposteros** preparan tortas, pasteles y panes.

¿Dónde aprenden los cocineros?

Los cocineros estudian en la escuela de cocina.

Aprenden a hacer muchas clases de platillos.

En la escuela aprenden de
otros cocineros.

A los cocineros les encanta cocinar.

Prueba

¿Recuerdas cómo se llaman estas cosas?

Busca las respuestas en la página 24.

?

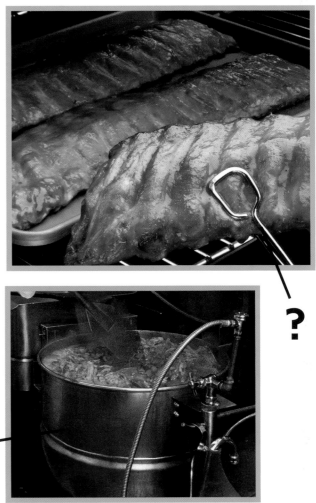

?

?

Glosario en fotos

delantal
página 9

cuchillo
página 10

repostero
página 19

jefe de cocina
página 18

revista
página 14

ayudante
página 19

ingredientes
páginas 6, 19

comidas
páginas 4–5

tenazas
página 10

Nota a padres y maestros

Leer para buscar información es un aspecto importante del desarrollo de la lectoescritura. El aprendizaje empieza con una pregunta. Si usted alienta a los niños a hacerse preguntas sobre el mundo que los rodea, los ayudará a verse como investigadores. Cada capítulo de este libro empieza con una pregunta. Lean la pregunta juntos, miren las fotos y traten de contestar la pregunta. Después, lean y comprueben si sus predicciones son correctas. Piensen en otras preguntas sobre el tema y comenten dónde pueden buscar la respuesta. Ayude a los niños a usar el glosario en fotos y el índice para practicar nuevas destrezas de vocabulario y de investigación.

Índice

Respuestas de la página 22

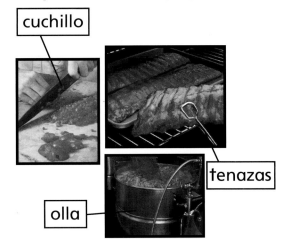

cuchillo

tenazas

olla